山田全自動の

超あるあるベストでござる

山田全自動

辰巳出版

もくじ

本書は、2016年〜2023年にかけて
インスタグラムを中心にSNSへ投稿した作品の中から、
評判のよかったネタと山田全自動的に好きなネタを集めた、
いわばベスト盤のような一冊です。

これまで1000以上描いてきた中から
選りすぐった〝超ベスト〟なので、
結構濃い内容になっているのではないかと思います。

古い作品と新しい作品とでは絵柄も微妙に違っているので、
そのあたりもチェックしてみてくださいね。

老若男女が「あるある」と感じるようなネタが揃っております。
ぜひみなさんで楽しんでいただけたら嬉しいです。

其の一
謎あるある

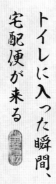

トイレに入った瞬間、宅配便が来る

ピンポ〜ン

何回もチャイムを押されるとさらに焦るでござる

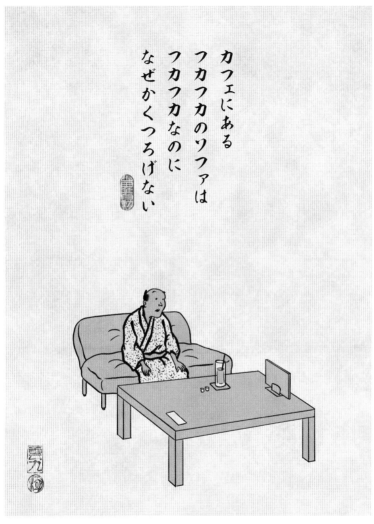

カフェにある
フカフカのソファは
フカフカなのに
なぜかくつろげない

 座ったらテーブルのドリンクに手が届かないでござる

壊れたので
修理に持っていったら
そのときは正常に
動く謎さ

さっきまで
ちゃんと…
壊れてたんです
ちゃんと、
ちゃんと動かなかったんです

電器店に行ったあとは、しばらくテーマソングが脳内でループするでござる

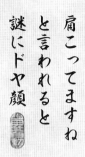

肩こってますね
と言われると
謎にドヤ顔

肩こってますねぇ

でしょ？

 逆に「全然肩こってませんね」と言われても、全然嬉しくないでござる

タレよりも塩が偉い感

えっ？
タレで食べるの？
そこは塩でしょ
これだから素人は

ラスト1個を躊躇なく食べるのが、はばかられる風潮も謎でござる

其の一　10

全然別の場所で
自分の家と同じ
リモコンだったら
謎にテンション上がる

ウチと同じ！
ウチと同じ！

家からだいぶ歩いてから、エアコンつけっぱなしだった気がしてくるでござる

クローゼットには
大量の服があるのに
着ていく服がない謎

 何年も着ていない服を捨てられないのも謎でござる

お前がなぜそこに
という場所に現れる
あの毛

 さんざん探しても見つからなかったものは、突然手元で見つかるでござる

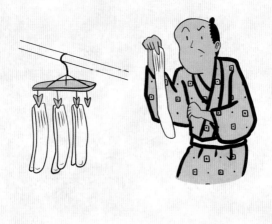

靴下が片方だけあまる謎

 怪奇現象でござるか？

「まだ届いて
いませんが
期待を込めて
★5つです」
という謎のレビュー

 「配送業者の態度悪すぎ。★1つです」というレビューもやるせないでござる

ティッシュではなく
ティシューが正式名称
とはいうものの
ティシューと言ってる人に
一度として会ったことがない

「ティシュー取って」とか言ったら、絶対「えっ?」と聞き返されるでござる。
ちなみに、「テッシュ」と言ってる人なら会ったことあるでござる。

其の二
性格あるある

過去にやってしまった
恥ずかしい言動を
思い出して悶絶

なんてあんなこと
言ってしまったの
だろおおおおおおああああぁ

ガバッ

ぬおおおお
おおおお

 次の日早起きしないといけない夜は、余計に寝つきが悪いでござる

深夜のテンションで
SNSにアップ
してしまった投稿を
翌朝こっそり消す

す…

今までやってこられたのも
周りの人の助けあってこそ。
みんなに感謝。

 なぜか深夜には、無性に部屋の掃除や模様替えをしたくなるでござる

「気にしすぎ」と
言われたことを
気にする

気にしすぎだよ！
誰もお前のことなんか
見てないよ！

 怒られてもいないのに、怒られたときにどうするかシミュレーションするでござる

感じが悪いと
思われそうなので
絵文字を使いすぎて
「おじさん構文」

ありがとう‼️
明日楽しみ 😌
おやすみ 😌😌

 親しみやすさを演出するために「〜」「ー!」も多用しがちでござる

段差でベルが
鳴ってしまい
申し訳ない気持ち

ペダルを踏み込む音で道を開けろアピールしてくる人に慌てるでござる

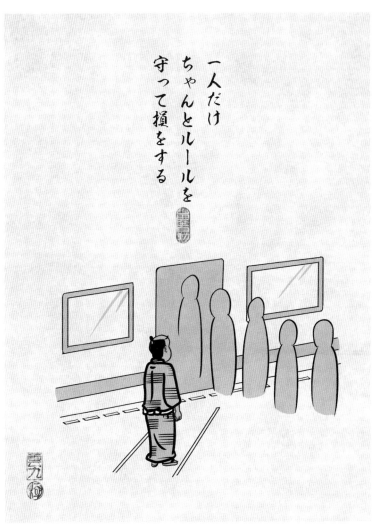

一人だけ
ちゃんとルールを
守って損をする

 誰もいなくても、駅の階段は「のぼり」のほうから上るでござる

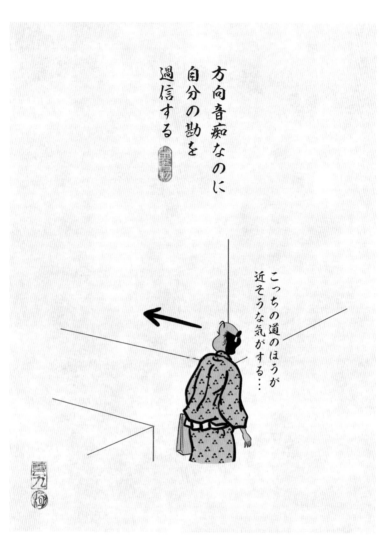

方向音痴なのに
自分の勘を
過信する

こっちの道のほうが
近そうな気がする…

 個室の居酒屋やカラオケ程度でも迷子になるでござる

「ちょっと電話いい?」は
悪い予感しかしない

 知らない番号から着信があったら、まずはググってみるでござる

絶対に達成できないと
わかっているけど
断れなくて
スタンプカードを
作ってしまう

ここまで
スタンプがたまると
五〇〇円引きに
なります

小銭でちょうどの金額が払えそうでも
後ろの列のプレッシャーに負けてお札で払うでござる

今日見た夢の話を
聞かされる辛さ

そしたらそのあと
どうなったと思う？

 夢の中では走りたくても足が重くて走れないでござる

マグネットタイプの広告を
冷蔵庫にコレクションして
嬉しい

同じ会社のほとんど同じバージョンのやつでも微妙に違ったりするでござる。
たまにキラキラバージョンとかあって、ちょっと得した気分でござる。

其の三
焦るときあるある

スマホで
写真を見せていたら
前後の写真も
見られはじめたときの
緊張感

へぇ～
キレイな
景色だね

いや
それより先は
全然関係ない
写真が…

シャッ
シャッ シャッ

 人に見られながら文字を打つときの、予測変換の緊張感もすごいでござる

趣味を聞かれたので
とりあえず「映画鑑賞」
と言ってみたら
変に食いついて
こられて焦る

えっ？　最近観た
映画で何がよかった？

邦画派？
洋画派？

映画好きなら
キューブリックは
もちろん全部
観てるよね？

好きな俳優は？

 本当の趣味は「寝ること」でござる

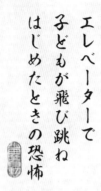

エレベーターで
子どもが飛び跳ね
はじめたときの恐怖

ドン
ド
ドン

 タワーなどに上っても、ふと足元を見ると一気に恐怖に変わるでござる

ロールキャベツが
噛み切れないので
引っ張ったら
中身全部出てきた

ボロッ

 卵焼きがうまい店は間違いないと通ぶってみせるでござる

「やまざき」なのか
「やまさき」なのか
忘れた場合は
「やまぁき」と言って
やり過ごす

覚えてる？

や…やまぁきさん
です…よね…？

細かい部分がよくわからない漢字を書くときは、雰囲気でごまかすでござる

よく聞こえ
なかったので
笑ってごまかしたら
質問だった

今日はお休み
ゴォォォォォォォ
でねか゜

はははは
はは…
ははは

お腹が鳴りそうなときは物音でごまかすでござる

歩道と車道の間の
わずかな段差を
上がろうとしたら
タイヤがジョリッと
なった瞬間の恐怖感

ジョリ
ジョリッ

 走行中、目に虫が入って激痛でござる

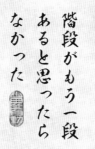

階段がもう一段
あると思ったら
なかった

ダシッ

 階段を降り切ったと思ったら、もう一段あったときも焦るでござる

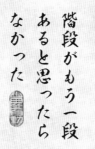

湿布を貼るときに
シワになったので
シワを伸ばそうとしたら
さらにシワになった
ときの焦り

スーパーの袋詰めのところにある薄い袋が開かなくて、反対だったかな？
と思って逆を開けようとしたら、やっぱり最初のほうが正解だったでござる

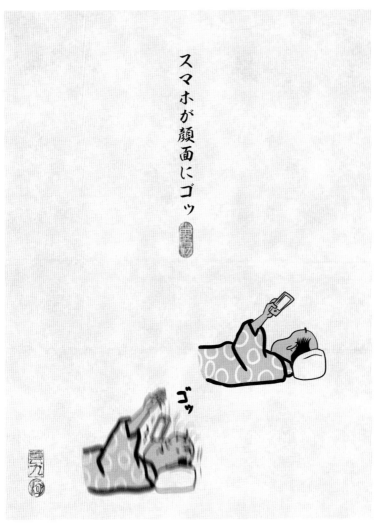

スマホが顔面にゴッ

 電源コードの先っぽを踏んで悶絶するでござる

焦るとき あるある

2019年 超ベストあるある

〜 山田全自動的セレクション 〜

年度別超ベストのコーナー！
2017年から2019年の投稿を
振り返ってランキング形式で
発表するでござる〜♪
まずは2019年の投稿の中から
山田全自動による
個人的ベストネタをピックアップ！

さてさて、山田全自動自身による2019年
セレクションの発表でござるよ〜！
まずは5位から2位まで〜☆
カウント〜ダウンっ♪

日本の朝食の「ほぼ大豆」感

味噌汁＝大豆
味噌＝大豆
豆腐＝大豆
油揚げ＝大豆

納豆＝大豆

醤油＝大豆

冷奴＝大豆

 大豆のポテンシャルすごすぎでござる…

どうやっても
シャワーがいい位置に
こないときのイライラ感

カタッ

 足元に置いているのを忘れてお湯を出したら暴走したでござる

第三位

病院で
「シクシク痛みますか?」
と聞かれても
シクシクの状態が
わからないので
答えようがない

歯痛には正露丸を詰めると治るって本当でござるか?

第二位

「人という字は人と人が
支えあっている」と
言うけれどよく見ると
片方だけが支えている
気がする

片方の負担がすごいでござる

第五位の「ほぼ大豆」ネタは
あるあるというより「言われてみれば！」と
再認識されたコメントも多かったでござるね〜
第四位のシャワーあるあるは
「湯船にお湯を入れようとしたらシャワーが出てびしょ濡れ」
「家族の誰かがお湯を使ってシャワーが一瞬冷水に」
など、ほかネタへの共感のコメントでも盛り上がったでござる
第二位の「人という字」については
いろいろな解釈や考え方などのコメントもあって
実は深〜いネタとなったでござる

それでは、お待ちかね！
2019年山田全自動的セレクション
栄光の第一位はこのネタだ!!
次のページを〜チェケラっ!!!!

第一位

遅刻は一分でも
ガチ切れされるけど
残業は一時間くらい
大したことない感じで
言われる

それくらい
一時間残業すれば
終わるだろ！

 パシらされて買ってきたものを批判されるのも理不尽でござる…

年度別ベストあるある 46

第一位は「理不尽あるある」の中からピックアップ
理不尽ネタは、コメント欄にもみんなの
エピソードがどんどん出てきたでござる
誕生日を聞かれて答えたら「意外」と言われたり
手相を見せたら「生命線短っ！ ウケる」と笑われたり
カラオケであまり知らない歌を
無理矢理歌わされたのに誰も聞いてなかったり…
理不尽だらけの世の中でも
あるあるで笑い飛ばそうでござる〜！

映画の音量が
小さかったので大きくしてたら
爆発シーンなどで
急に大音量になり焦る

で、音量を小さくしたらまたセリフが聞き取れなくなったので、
音量を大きくして…（以下繰り返しでござる）。

其の四
仕事あるある

何か会社を休む
きっかけがないか
毎朝考える

体調悪いとか
急用とか…

 スヌーズ機能限界まで寝たり起きたりを繰り返すでござる

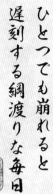

ひとつでも崩れると
遅刻する綱渡りな毎日

8時30分：出発

↓

徒歩5分

8時36分：電車に乗車
8時40分：駅に到着

↓

乗り換え

8時41分：電車に乗車
8時48分：駅に到着

↓

徒歩12分

↓

9時00分：会社到着

 毎日同じ場所で見かける人がいるでござる

「まずは会社に慣れて」
と言われてとりあえず
座っているときの
いたたまれなさ

 新入社員のときは、食事に行くタイミング、休憩に行くタイミング、帰るタイミングがすべてわからないでござる

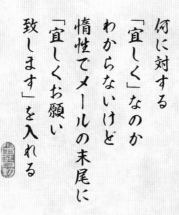

何に対する
「宜しく」なのか
わからないけど
惰性でメールの末尾に
「宜しくお願い
致します」を入れる

データを送って頂き
ありがとうございました。
確認致します。
宜しくお願い致します。

カタ
カタ

 「僕」だと子どもっぽいし、「私」だとちょっと偉そうな感じがして迷うでござる

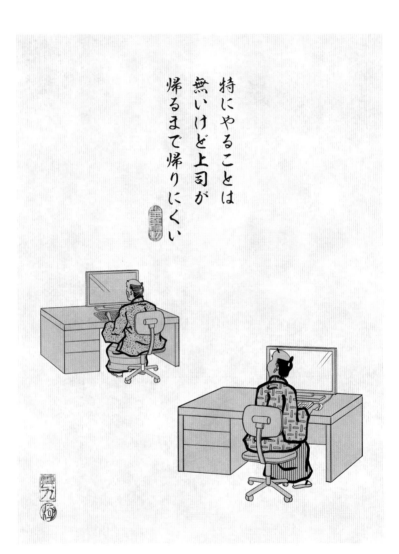

特にやることは
無いけど上司が
帰るまで帰りにくい

バイト終わり、時間通りに帰るとちょっと非常識っぽい風潮もあるでござる

帰ろうとしたら
「ちょっと時間ある？」
と聞かれたときの焦り

 会社のプリンターの紙を追加するタイミングが自分にばかりやってくるでござる

爽やかに
自転車通勤

と思ったけど
朝から
ボロボロになる

もうすでに帰りたいでござる

あんなに
盛り上がったのに
翌日そっけない
ハハハハハ
ハハハハ
おざ〜す…

飲み会の最後、別れ際に上司から握手を求められるでござる

旅行先で職場からの
着信があったら
そのことに頭が
支配されて
楽しめなくなる

あっちに
良さそうな
お店あるよ

うん…

トラブルかな…
クレーム？
なんかやり忘れた
ことがあったかな

 休み明けに会社のメールを開くときを想像して憂鬱になるでござる

次の休みまで
あと何日か数える

あと三日
やり過ごせば
休みか…

 何かの理由で会社が休みにならないか考えてみるでござる

となりの電車に乗ってる人と
目が合ったときの気まずさ

都会の駅で停車中にありがちでござる。
何か物語が始まりそうな予感でござる。

其の五
学校あるある

授業中、椅子を
斜めにして
遊んでいたら
後ろにドン

 あの頃は 10 分の休み時間でもけっこう遊べてたでござる

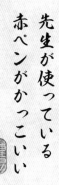

先生が使っている
赤ペンがかっこいい

赤とオレンジの
中間ぐらいの色
↓

 プリントの紙は茶色とグレーの間みたいな色の「わら半紙」でござる

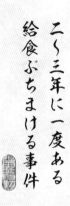

二〜三年に一度ある
給食ぶちまける事件

 給食の献立表を家の冷蔵庫に貼っていたでござる

運動会前、
裸足で走ったほうが
速いという説が流れる

 靴下をクルクル下げてドーナツにするでござる

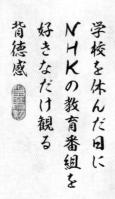

学校を休んだ日に
NHKの教育番組を
好きなだけ観る
背徳感

フフフフ

 休んだ日の給食が好きなやつだったときの絶望感がすごいでござる

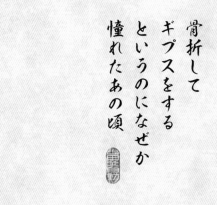

骨折して
ギプスをする
というのになぜか
憧れたあの頃

いいなぁ

 授業をサボって屋上で寝っ転がるというのにも憧れたでござる
（サボる勇気もないし、そもそも屋上には出られないでござる）

後ろに
プリントを渡す
流れで好きな人を
チラ見

チラッ

 夢に出てきた女子のことが気になりはじめるでござる

「だるい」が口癖

あ〜、だり〜

 時計は G-SHOCK 率高めでござる

べつに
カンニングしてないのに
隠されたときの切なさ

 テストが終了した3時間後には、勉強した内容をすべて忘れているでござる

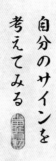

自分のサインを
考えてみる

 好きなバンドのロゴも練習してみるでござる

2018年
超ベストあるある

～ お気に入られ大賞 ～

年度別超ベストのコーナー！
山田全自動がインスタグラムへ
2018年に投稿した作品の中から
「いいね」の数ではなく
「お気に入り（コレクション）」に
追加された数の多かったものを
ランキング形式で発表！

さてさて、2018年お気に入られ大賞の
発表でござるよ～！
まずは5位から2位まで～☆
カウント～ダウンっ♪

シャンプー後の
ヤバい髪型で
窓際の席に放置
される屈辱

 せめてもう少し整えてほしいでござる…

第四位　お気に入られ数 **521**

自動で消灯する
タイプの電気を
再びつける動きの
「儀式」っぽさ

 UFO でも降ろすでござるか？

お気に入られ数　535

4つ入りのあんぱんを
あんぱんの流れとは
逆方向から
開けてしまったときの
やってしまった感

 かといって反対側は開けたくないでござる

0時に寝て6時に起きると
全然寝た気がしないけど
3時に寝て9時に起きると
まあまあ寝た気がする
不思議さ

どちらも同じ6時間でござる

第五位の美容室のシャンプーネタは
「山田全自動展」でも好評だったてござるよ
第四位のトイレネタはきっとみんな一度は経験あるのでは？
第三位の「あんぱんの流れ」ネタは
トレーごと逆に入れ直すとのコメントも多かったてござる
第二位は眠る時間にまつわるあるあるネタ
睡眠をテーマにしたネタは共感の声が多く
毎日眠いのはみんな同じでござるね〜
ちなみに、朝6時に寝て昼12時に起きると頭痛がするのは
なぜでござるか？ 同じ6時間なのに………

それでは、お待ちかね！
2018年お気に入られ大賞
栄光の第一位はこのネタだ‼
次のページを〜チェケラっ‼‼

水を勢いよく出したら
器の曲線に沿って
飛び出したときの焦り

軽く水びたしでござる

第一位は（第一位も？）なんとも地味なネタ！（笑）
1年間の集大成がコレ！？
という気もしなくもないでござるが…
「スプーンやお玉でもよくやる」という
コメントが多く、みんなしょっちゅう
経験しているみたいでござるね〜
「わかっててもやってしまう」「さっきやってしまった」
「2回に1回はやってる」…なんてコメントも
まさに日常のあるあるネタが
この年のお気に入られ大賞となったでござる

ピックが
サウンドホールに入り
出てこなくなって焦る

カラカラ

ギター経験者ならたぶん全員あるあるでござる。
必死でカラカラしてたらホコリが落ちてきて目に入って悶絶でござる。

其の六
家事あるある

ご飯がなかなか
炊けないと思ったら
「炊飯」ボタンを
押してなかった

えっ…
今からまた
30分ぐらい
待つの…？

グゥ～

シーン…

 食器洗いが終わったあとに、洗ってない炊飯器に気づきがちでござる

温め終わった
電子レンジが
ピーピーと
訴えかけてきて
ウザい

ピーーッ
ピーーッ

はいはい！
今、別の作業
してるから！

わかってるし！

 レシピの「適量」がわからなすぎるでござる

食器洗い中に
顔がかゆい

 お弁当箱早めに出さないと母ちゃんガチギレでござる

カレーを保存していた
タッパーの黄ばみが
永久に取れない

 カレーの鍋を洗うと一瞬でスポンジがご臨終でござる

洗濯機を
回しはじめたあとに
出てきたやつを今から
入れるべきか迷う

・・・・・。

ティッシュを一緒に洗濯してしまったときは、この世の終わりを感じるでござる

ハンガーを
取ろうとしたら
別のハンガーが
絡みついてくる
ウザさ

　パーカーのフードの裏が乾かないでござる

まず、掃除機を取り出すという行為が憂鬱

押し入れ →

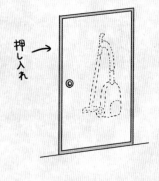

 掃除しても掃除してもどこからともなく現れる毛があるでござる

掃除機で何かを
吸い込んだけど
何を吸い込んだか
わからなかったときの
不安感

ガリガリ

なんか大事な
部品とか
だったのでは…

 ちりとりのわずかな隙間にある小さなゴミは永久に取れないでござる

洗濯機や冷蔵庫の
裏のことは
考えないようにする

 掃除機が入らないソファーの下も気づかなかったことにするでござる

ゴミ袋を
ギュッと結んだあとに
出てくる地味なゴミ

 見て見ぬふりでござる

百円で安く買えたと思ってたものが
スーパーでさらに安く
売られていたときの悔しさ

最近はコンビニさえ百均より安かったりするでござる。
数十円だけど異常に悔しいでござる。

其の七
子どもあるある

理由とか
そういう次元
じゃないことにも
「なんで？」

これは「やま」

やま
山

なんで？

え？なんで…？
言われてみれば
なんでだろう

同じギャグを二百回くらいやらされるでござる

難問すぎるクイズ

クイズ！
ぼく、今から何と言う
でしょうか？

 すごいこと言うぞ！ みたいな雰囲気で普通のことを言うでござる

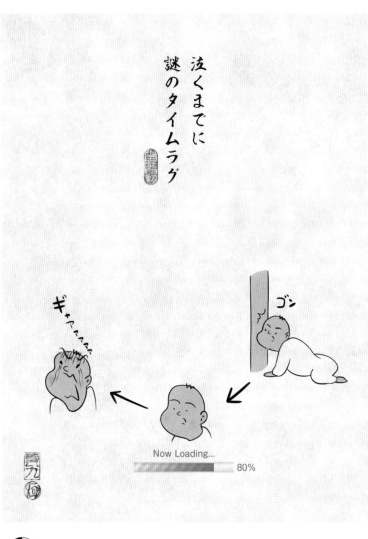

 赤ちゃんはなぜか紙をちぎって食べようとするでござる

時々、トイレで
丸出しで用を足す
子どもを見かける

 抱っこされた子どもがたまにのけぞって液状化するでござる

なぜか見せたい

ねぇねぇ見て〜
ねぇ見てってば〜

 呼んでおいて「やっぱ見ないで！」のパターンもあるでござる

寝てるくせに
起きてるとキレる

いい加減
起きなさい！

起きてるから！

 そしてまた寝て「なんで起こしてくれなかったの！」と理不尽にキレるでござる

ノストラダムスの
大予言に怯えて
眠れなくなっていた
子ども時代

ノストラダムスさん
お願いですから
地球に来ないでください

ノストラダムス
という人が世界を
滅ぼしに来ると
思っていた

霊柩車を見たら親指を隠すでござる

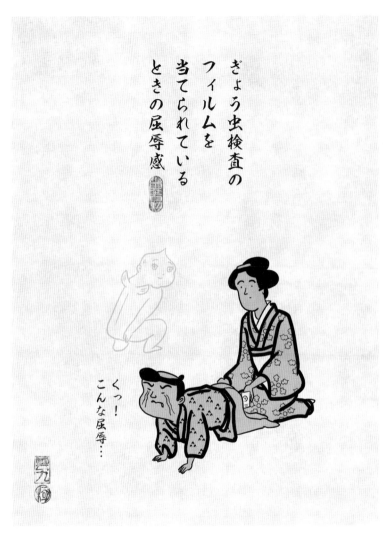

ぎょう虫検査の
フィルムを
当てられている
ときの屈辱感

くっ！
こんな屈辱…

「使用時の姿勢」のキューピーみたいなキャラクターのイラストが印象的でござる

名前を反対から読む、
ただそれだけのことで
爆笑できたピュアな
あの頃

田中　隆
たなか　たかし

↓

しかたかなた

 効果音は「デュクシッ」でござる

鉛筆の後ろを
かじってるやつがいる

 下敷きの静電気で髪を持ち上げていたでござる

2017年
超ベストあるある

〜 いいね数ランキング 〜

年度別超ベストのコーナー！
山田全自動がインスタグラムへ
2017年に投稿した作品の中から
同年12月時点で「いいね」数の多かった
上位5つをランキング形式で発表！

さてさて、 2017年いいね数ランキング
発表でござるよ〜！
まずは5位から2位まで〜☆
カウント〜ダウンっ♪

第五位

いいね数 ♥2万2千935

洋服を買ったときについてくる
小さい布を大切に保管してるけど
一度として活用したことがない

 タンスの奥から大量に出てくるでござる

第四位

いいね数 ♥2万3千133

旅館の窓と部屋の
間にある謎の
スペースが楽しい

あの場所、妙に落ち着くでござる

年度別ベストあるある 106

第三位

いいね数 ♥2万3千319

ジョニー・デップ風の
ファッションを目指してみたら
手塚先生に仕上がった

 思ってたのとなんか違うでござる

第三位

いいね数

♥ 2万4千395

はっぴぃ はろうぃん

 何がハッピーなのかはよくわからないでござる

五位の「小さい布」は大事に保管しておくけど
結果どれがどの服の布かわからなくなった…という人も
四位の「旅館のあの場所」は
「非日常感や旅行感があっていい」というコメントや
「必ず座る！」という人もとても多く
たくさんの人が共感してくれたみたいでござるね〜
三位のランクインは手塚先生ファンとしては嬉しい限り
ちなみに、おしゃれな黒縁メガネをかけても
「キテレツ大百科」の勉三さんになってしまうでござる
二位は、何気に右のワンちゃん人気が高かったネタ！
もはや「あるある」とか関係ないでござる！（笑）

それでは、お待ちかね！
2017年いいね数ランキング
栄光の第一位はこのネタだ‼
次のページを〜チェケラっ‼‼

第一位

いいね数 ♥ 2万7千113

面白そうだなと思って見た
ユーチューブの動画が
文字がスクロールするだけの
動画だったときの苛立ち

 なぜわざわざ動画にしたでござるか…

年度別ベストあるある

第一位は当時の時代感もあるネタ！
ユーチューブがメジャーになった頃でござるね〜
タイトルに期待した分残念感があるからか
そのガッカリする気持ちや苛立ちに共感する
コメントがたくさん出てきたでござる
「もしかしたらこのあと動画が始まるかもと期待」
「変な音楽流れがち」「早口の機械音声にイラっ」…などなど
さらなる「あるある」にも発展し、いいねの数とともに
コメントの数も多いネタだったでござる

お土産の製造元を見たら
全然違う場所で作られていた

製造元：岡山県

福岡から旅行に出かけて、広島でお土産を買ったら
製造元が福岡だったことがあるでござる。逆輸入スタイルでござる。

其の八
モヤッとするあるある

家に遊びに来た友だちが
ずっと漫画を読んでいる

何もやること
ないな…

 ずっとスマホをいじられているのもつらいでござる

「趣味を持ったほうがいい」というアドバイスが地味につらい

趣味はいいぞ
趣味を持たないと
老けるぞ

 無趣味だと「休日何してる?」の質問も困るでござる

割り箸がこうなる

 新しい箱ティッシュの1枚目はほぼ破れるでござる

百円のお茶とかは
平気で買うのに
アプリの百円は
かなり悩む

 気づかず広告に指が触れて、アプリのダウンロード画面に移動してるでござる

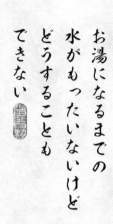

お湯になるまでの
水がもったいないけど
どうすることも
できない

ムダに手を
洗ってみたり…

 蛇口で背中ゴリッとして悶絶でござる

グレーの
スウェットで
洗い物をしたあとの
おもらし感

 芸能人みたいにスウェットのフードをかぶってみたら、ネズミ男になったでござる

ハッピー
バースデーディア
○○〜♪の呼称で
グダグダに

♪ハッピー バ〜スデ〜ディ〜ア
ひろし君〜
ひろ〜ひろし〜
ひろちゃん〜

「添付し忘れたので再送します」のメールに添付を忘れてグダグダでござる

どうでもいい
内容のユーチューブを
ひたすら見てしまい後悔

今の時間、
人生の何に
役立った
だろうか…

 ネットで怖い話を見てしまい無駄に不安になってくるでござる

夜食を食べるか
小一時間悩む
（結局食べる）

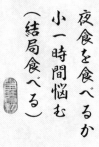

このまま寝ようかな
でもお腹空いて眠れない
気もするけど今食べると
罪悪感で絶望的な
気持ちになりそうな
気もするけど眠れないよりは
マシな気もするし
食べるなら早めのほうが

深夜のテンションで書いたポエム的なものを翌朝見ると破り捨てたくなるでござる

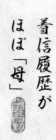

着信履歴が
ほぼ「母」

母
母母
母母
母母
母兄
母

 誰かから LINE がきたと思ったら、キャンペーンのお知らせだったでござる

座ったら隣の人が
すぐ帰ったときの切なさ

たまたまだと自分に言い聞かせるでござる。
でもちょっと泣けてきたでござる。

其の九
休日・買い物あるある

ずっと元気だったのに
休日に体調不良

 休日は好きなだけ寝るぞ！ と思っていても早く目が覚めるでござる

今日は
何しようかな〜♪
とスマホを触りながら
考えていたら
一日が終わったときの
激しい罪悪感

 やることを決めていても結局ダラダラして1日が終わるでござる

適当な服のときに限って
知り合いに会う

 誰に会ってもいいようにおしゃれした日は、誰にも会わないでござる

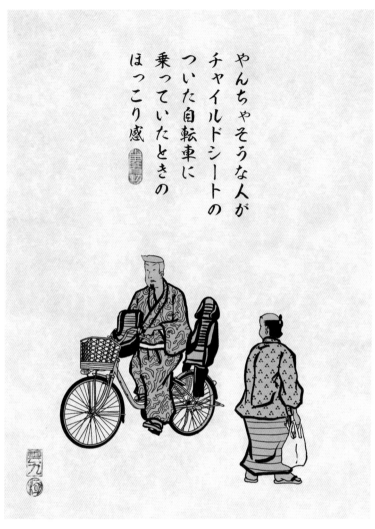

やんちゃそうな人が
チャイルドシートの
ついた自転車に
乗っていたときの
ほっこり感

 おじいちゃんが自転車にぶら下げているラジオは AM が流れているでござる

高すぎて絶対
買えないと
気づいてるけど
少し迷ってる
感じを出す

高っ！

う〜ん…
いいんだけど
素材感がねぇ…

 ズボンを「パンツ」と言われると軽く緊張するでござる

サイズ、素材などを
チェックしている
雰囲気で値段を確認

なるほどね〜

けっ！二万もするのか！

 「意外に安い！」と思ったら、中のインナーの値段だったでござる

試着室で一回開けて
店員さんに見せるか
そのまま脱ぐか迷う

 セールでいいのが見つかったと思ったら、一部対象外でござる

買った物を
出口まで持ってきて
お見送りしてくれる
サービスの緊張感

何話したらいいか
わからない

 家に帰ってきて見たら、思ってた感じとなんか違ったでござる

洋服屋、雑貨屋、
本屋などを一通り見て
食品だけ買って帰る

これなら
近所のスーパーでも
よかったのでは…

 いろいろ見たけど、なんだかどうでもよくなったでござる

割引された値段の
シールを剝がして
元の価格をチェック

「今日はいつもと違う感じのを買うぞ!」と思っていたのに
やっぱりいつもと同じような服を買ってるでござる

135 **休日・買い物 あるある**

会計後
商品を持たずに
店を出ようとしたときの
恥ずかしさ

お釣りを募金してたら商品忘れたでござる。
クールな顔して赤っ恥でござる。

其の十
体調・睡眠あるある

歯が
痛くなってから
慌てて歯磨き

ガシガシガシガシガシ
ガシガシガシガシガシ

 たぶん意味ないけどやってしまうでござる

昨日早く寝なかった ことを毎日後悔

今日こそ絶対早く寝る！
お風呂も早く入るし！

そして今日も
早く寝ないし
お風呂も早く入らない

 頑張ってお風呂に入れても、今度は目が覚めて眠れなくなるでござる

急な腹痛に襲われ、
「さっき食べたアレか？」と
ムダに原因を追求する

 鳥肌と脂汗がすごいでござる

ついに神に
祈りはじめる

神様…ごめんなさい
今後は悪いことはしません…

 ごめんなさい、ごめんなさい…と心の中で謎に謝罪するでござる

腹痛がおさまったら
普通の状態がいかに
ありがたいかを
噛みしめる

普通って素晴らしい…

 今なら何でもできる無敵感があるでござる

睡眠不足だと
頭が痛いけど
たくさん寝ても
頭が痛い

睡眠不足

たくさん寝たとき

結局いつも頭が痛い

 頭が痛くてだるいので薬を飲んだら、薬の副作用でだるいでござる

しっかり寝たのに
逆に疲れている謎

だるい…

 寝すぎはよくないというネット記事を読んで不安になるでござる

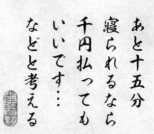

あと十五分
寝られるなら
千円払っても
いいです…
などと考える

いや、千五百円
までなら
ギリ払えます…

 なんの記憶もなく目覚ましを止めて二度寝していた自分にドン引きでござる

高速道路で運転中
激しく眠かったので
パーキングでひと眠り
しようとしたら
一ミリも眠れない

 眠れないので出発するとまた眠くなるでござる

朝・・・眠い
通勤中・・・眠い
昼・・・眠い
帰宅中・・・眠い
帰宅後・・・眠い
寝るとき・・・**眠くない**

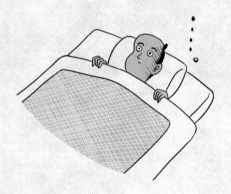

 なぜでござるか?

知覚過敏用の歯磨きが
歯にしみた

ショック療法でござる？ あまりにもしみるので歯医者さんに行ったら
顎の力が強すぎて歯に細かいヒビが入ってると言われたでござる。

特別編
過去ネタプレイバック

好きな娘の私服がダサい…

 インスタグラムへ初投稿の1枚でござる

チラシ受け取るの
面倒だなと思っていたら
自分には配られなかった

 自意識過剰だったでござる

「じゃあね」のあと
瞬時に真顔になる人を
見てしまったときの怖さ

闇を見た気がするでござる

「土足で大丈夫ですよ」と
言われたときのカッコ悪さ

 いかにも靴を脱ぐ風のお店だったでござる

電器屋でパソコンを
触っていたらフリーズ
してしまい何事もなかった
かのようにそっと立ち去る

「ビーックビックビックビックカメラ♪」とピクピクしながら口ずさむでござる

全然知らない名前のコーヒーを
いつも頼んでます
みたいな雰囲気で注文

 子どもの頃、夏でもホットコーヒーを飲む「大人感」に憧れたでござる

ガラスに映る自分を見てたら
奥に人がいたときの気まずさ

 ガン見されてたでござる

自宅のベランダだからと
油断しすぎなおじいちゃん

 丸見えでござるぞ

あとがき

なんとなく練習で始めたイラストが、気がつけば本業みたいになっていてびっくりでござる

過去のイラストデータの日付を確認してみたら、イラストを描きはじめたのは2013年で30歳のときでした。この書籍が刊行される2023年でイラストを始めて10年、そして40歳になります。

描きはじめた頃は、イラストを見た人がちょっとでも笑ってくれて、少しだけ仕事になったらいいな…くらいの軽い気持ちでした。ところが、SNSを見てくださる方々、本を購入していただいた方々のおかげで、10年後にはイラストや漫画が本業みたいになっていて自分でも驚いています。

「こんなに毎日描いていて、よくネタ切れにならないね」と言われますが、ハッキリ言ってもうとっくにネタ切れです（笑）。それでもなんとかギリギリ絞り出して続けています。一切何も思い浮かばず、絶望的な気持ちのまま夕方を迎え、「あぁ〜！もう！適当でいいや！」と思ってササッとお手軽に描いたネタのほうがウケがよかったりして、もう何が何だかわからないです。

まさか40歳になっても「あるあるネタ」を毎日毎日考え、しかもそれを生業にしているとは思ってもみませんでした。人生何があるかわからないものです。10代、20代の頃の自分が聞いたら驚くだろうなぁ。

さらに10年後、50歳になったとき、一体自分は何をしているのか。まだ「あるあるネタ」にこだわっているのか、それともまったく別のことをしているのか……。これからの10年もある意味楽しみです。

山田全自動
やまだぜんじどう

佐賀藩出身、福岡藩在住のイラストレーター、ウェブデザイナー。江戸時代の町人をモチーフとしたイラスト、およびそれらに添えられたシュールなコメントが特徴。Instagram ほかの SNS が人気を呼び、広告や企業コラボなどの実績多数。ライブドアブログ OF THE YEAR 2020 ベストクリエイター賞受賞。著書に『山田全自動の落語でござる』『山田全自動の懐かしあるある』『山田全自動の日本文学でござる』『山田全自動と林家はな平の落語あるある』『山田全自動の徒然日記』(全て辰巳出版)などがある。

構成・編集・デザイン　近江聖香 (Plan Link)
編集　近江康生 (Plan Link)
企画・進行　廣瀬祐志

山田全自動のあるある超ベストでござる

2023 年 7 月 5 日　初版第 1 刷発行

著者　　山田全自動
発行人　廣瀬和二
発行所　辰巳出版株式会社
〒 113-0033 東京都文京区本郷 1 丁目 33 番 13 号 春日町ビル 5F
TEL 03-5931-5920(代表)
FAX 03-6386-3087(販売部)
URL http://www.TG-NET.co.jp/

印刷所　三共グラフィック株式会社
製本所　株式会社セイコーバインダリー

本書の内容に関するお問い合わせは、
お問い合わせフォーム (info@TG-NET.co.jp) にて承ります。
電話によるご連絡はお受けしておりません。

定価はカバーに表示してあります。

万一にも落丁、乱丁のある場合は、送料小社負担にてお取り替えいたします。
小社販売部までご連絡下さい。